일과 사람
16 버스 운전사

버스 왔어요!

신옥희 쓰고 이승현 그림

사□계절

오늘도 새벽같이 눈을 떴어.
아마 우리 동네에서 내가
가장 일찍 일어났을걸?
맑은지 흐린지 날씨부터 살피고
부지런히 나갈 채비를 해.
쉿, 식구들이 깨지 않게 살금살금.

새벽 공기가 꽤 차가워.
나는 자전거를 타고 바람을 쌩 가르며 달려.
얼굴에 닿는 바람이 상쾌해.
버스도 다니지 않는
깜깜한 시간에 어디 가냐고?
궁금하면 따라와 봐.

어디인지 알겠어?
맞아, 시내버스 회사야. 내 일터지.
나는 저 커다란 버스를 모는 운전사야.
파릇파릇 젊었을 때부터 지금까지 이십 년 넘게 운전을 했지.
나는 안전 운전으로 소문난 모범 운전사라고, 에헴!

"일찍들 나오셨네!"
다들 잠자는 한밤중이지만 우리 사무실은 벌써 불이 훤해.
나처럼 첫차를 운전할 사람들이 나와서 준비를 하고 있어.
일주일은 이렇게 새벽부터 낮까지 일하고,
다음 일주일은 낮부터 밤까지 일해.
일주일마다 오전반과 오후반이 바뀌는 거야.

운전 준비하기!

버스 나가는
시간표를 확인해.
출근부에 이름 쓰고,
버스 열쇠를 챙겨.

뭘 입어도
멋있다니까!

일옷으로
갈아입고.

"이제 차고지에 가서
내 차를 찾아야지.
첫차라서
맨 앞줄에 있어."

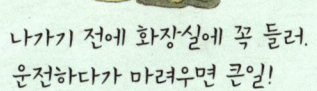
나가기 전에 화장실에 꼭 들러.
운전하다가 마려우면 큰일!

현금으로 버스비를
받는 통이랑, 거스름 동전이
들어 있는 통을 챙겨.

곧 첫차 출발 시간이야.
버스 안을 한 바퀴 휘 둘러보고, 자리에 앉아 안전띠를 매.
부르릉 시동을 걸고, 전조등을 켜. 거울들 위치도 바로잡아.
버스 운행 관리 기계 단추를 눌러. 그리고 마음속으로 기도를 하지.
오늘 하루도 안전하게 운전할 수 있게 해 달라고 말이야.
4시 30분, 손님들을 태우러 출발!

CCTV
버스 안을 찍는 카메라.
버스 안팎에 여러 대가 있어.

버스 왼쪽 옆 길을 보는 거울

차 안팎 등을 켜고 끄는 단추

차 상태를 보여 주는 판

속도를 알려 주는 판

연료 양 단추

봉, 냉방 단추

휠체어를 태우는 저상 버스 단추

이 버스는 짝꿍이랑 둘이 번갈아 몰아. 오전반, 오후반으로 나누어 운전해.

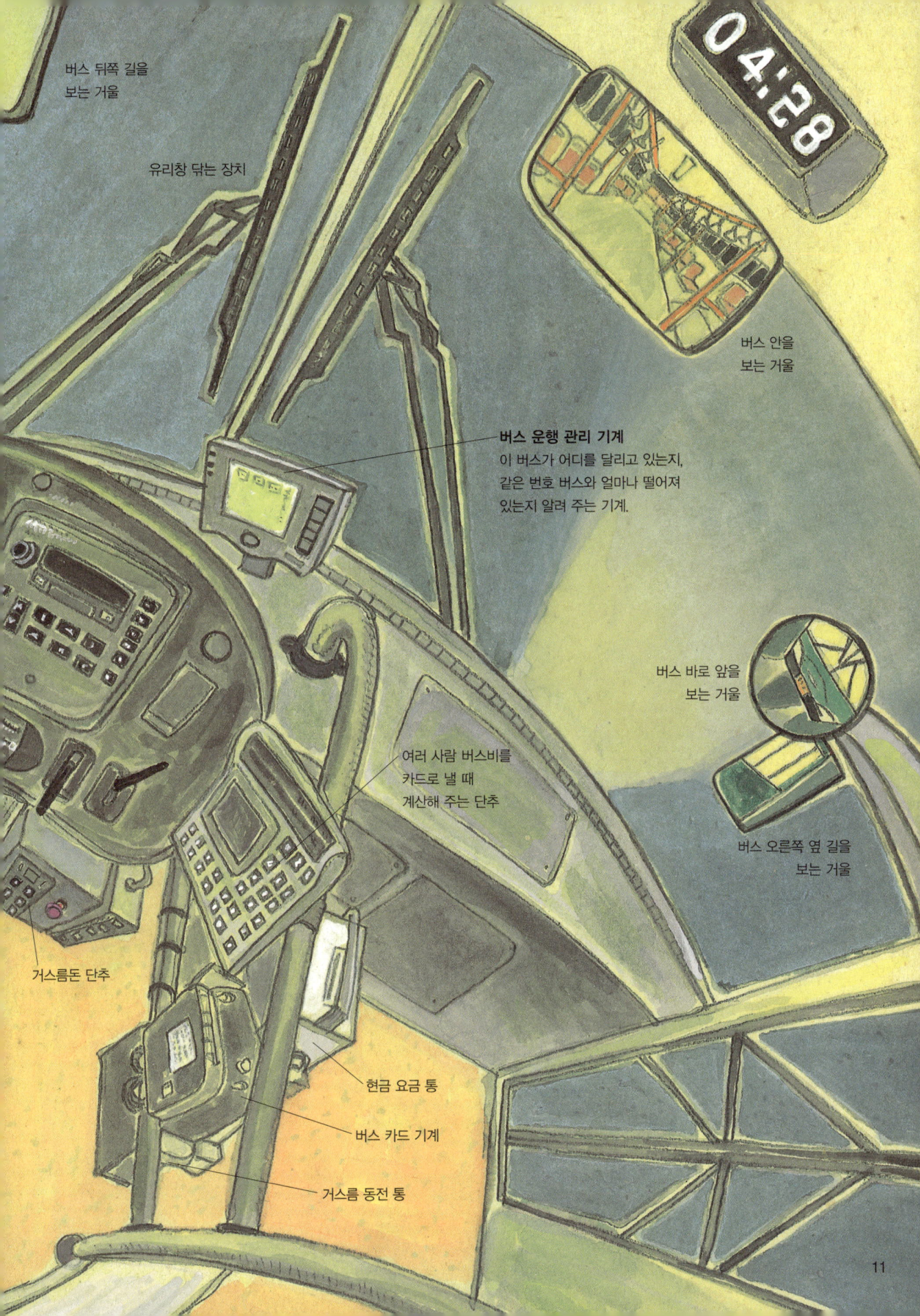

"안녕하세요?"
오늘도 준이 엄마가 큰소리로 인사해서
손님들 잠을 깨워. 준이 엄마는
청소 일을 하러 날마다 첫차를 타고 가.
오랜만에 환경 운동가 청년도 보네. 또 밤새 일했나 봐.
첫차에는 이렇게 새벽일을 하러 나가는 사람도 타고,
밤새 일을 마치고 집으로 돌아가는 사람도 타.
내가 모는 차를 타고 사람들이 하루를 열고 닫는 거지.

깜깜할 때 출발했는데 날이 밝아 오네.
이 시간은 길이 막히지 않아서 좋아.
우리 668번 버스는 한 바퀴 도는 데 세 시간 걸려.
정거장이 예순여덟 개나 되지.
길을 어떻게 다 외우냐고? 이건 아무것도 아니야.
우리 회사 버스 노선을 다 외우고 있는걸!
누가 아프거나 급한 일이 생기면 대신 운전하거든.
그러니까 운전을 잘하려면 머리가 좋아야 해, 하하!
난 머리도 좋고 길눈도 밝으니, 타고난 운전사라고나 할까?

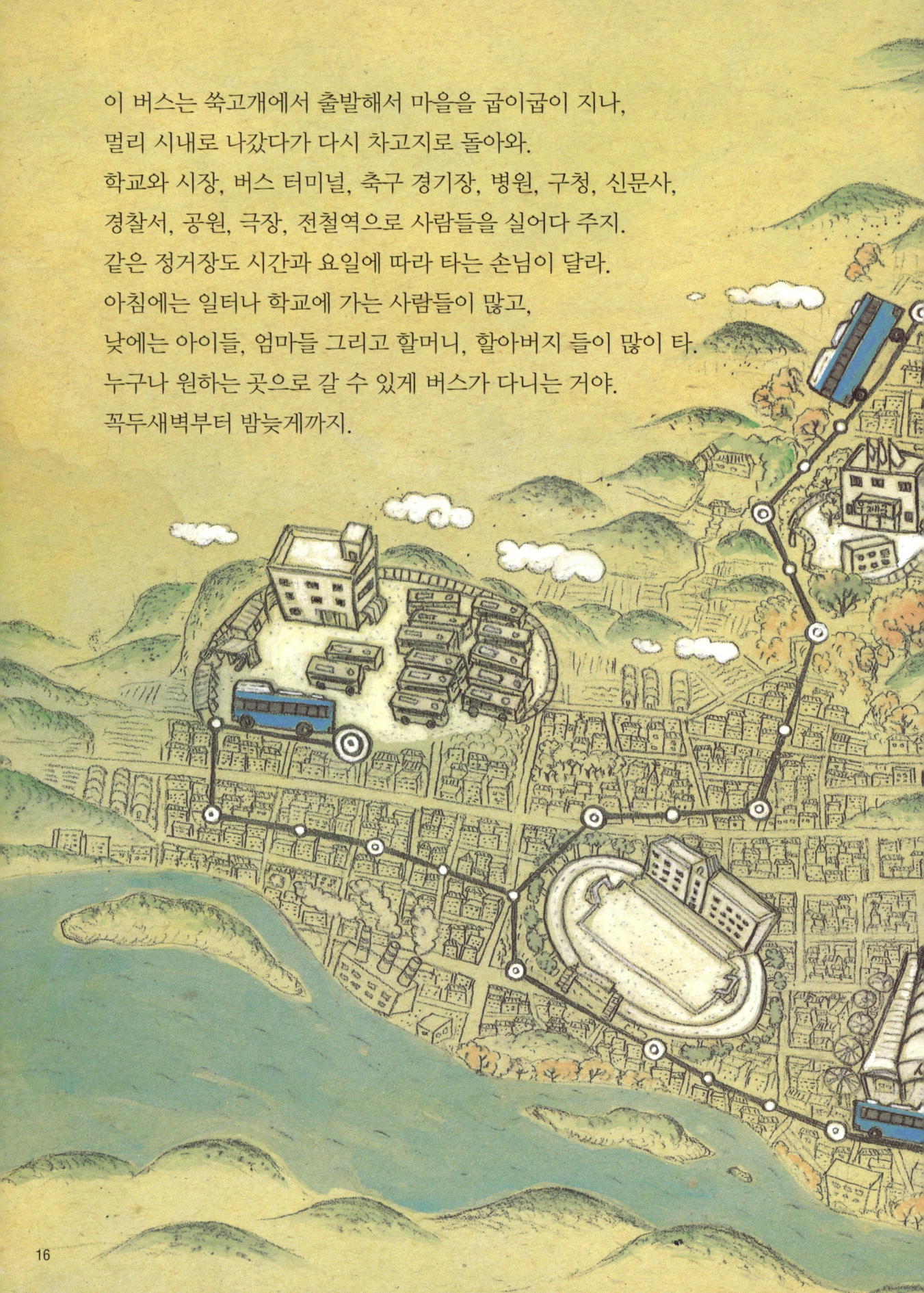

이 버스는 쑥고개에서 출발해서 마을을 굽이굽이 지나,
멀리 시내로 나갔다가 다시 차고지로 돌아와.
학교와 시장, 버스 터미널, 축구 경기장, 병원, 구청, 신문사,
경찰서, 공원, 극장, 전철역으로 사람들을 실어다 주지.
같은 정거장도 시간과 요일에 따라 타는 손님이 달라.
아침에는 일터나 학교에 가는 사람들이 많고,
낮에는 아이들, 엄마들 그리고 할머니, 할아버지 들이 많이 타.
누구나 원하는 곳으로 갈 수 있게 버스가 다니는 거야.
꼭두새벽부터 밤늦게까지.

어, 또순 씨 버스네!
길 위에서 혼자 운전하다가
같은 버스를 만나면 참 반가워.
"별일 없지요?"
"잘 다녀오세요!"
이런 뜻으로 서로 손을 들어 인사해.
나랑 같은 668번 버스는 스무 대가 넘어.
손님들이 언제든지 탈 수 있도록
적당한 간격을 두고 같은 번호 버스들이
같은 길을 도는 거야.
그러다가 이렇게 마주 달리며 지나칠 때가 있지.
나는 멋있게 인사하려고 거울 보고 연습한 적도 있어.

배차 시간

정거장에 같은 번호 버스가 오는 시간 간격을 말해.
아침과 저녁처럼 사람이 많이 타는 시간에는
버스도 자주 다니고, 대낮이나 늦은 밤처럼
한가한 시간에는 조금 뜸하게 다녀.

무사히 첫 운행을 마쳤어. 차고지에 오자마자 화장실부터 달려갔어.
종점까지 두 정거장 남겨 두고, 배가 살살 아프기 시작했거든.
이제 고소한 냄새 솔솔 풍기는 회사 식당으로 들어가.
"어우, 배고파. 오늘은 무슨 반찬이에요? 개구리 반찬?"
새벽부터 일하는 날은 아침, 점심을 여기서 먹어.
오늘 아침밥은 좀 천천히 먹어도 되겠다.
보통은 제시간에 못 들어오니까 밥도 허겁지겁 먹거든.
새벽에는 길이 막히지 않아서
다음 차 나갈 때까지 시간이 넉넉해.

다음 버스 나갈 때까지
30분 남았네. 회사를 한 바퀴 돌면서
인사도 하고 참견도 좀 해야지.
여기는 정비소. 버스가 고장 나지 않게 미리 살피고,
고장이 났을 때는 말끔하게 고치는 곳이야. 정비소에서
일하는 분들 덕분에 내가 버스를 안전하게 몰고 다니지.
우리 정비소 반장님은 엔진 소리만 들어도
문제가 있는지 없는지 알아.

일주일에 한 번씩 모든 버스를 검사해. 버스는 날마다 새벽부터 한밤중까지 달리니까, 고장이 나기 쉬워. 바퀴는 튼튼한지, 기름이나 물이 새지는 않는지, 브레이크는 잘 드는지 살피고, 오래된 부품은 갈아 줘.

도구와 부품을 실은 수레를 끌고 다니면서 고쳐. 버스는 차가 크니까 부품도 크고 무거워.

버스 회사에는 운전사만 있는 줄 알았지?
정비사처럼 다른 일을 하는 사람들도 있어.
버스 안을 깨끗이 청소하는 사람,
차고지 마당에 버스들을 줄 맞추어 세우는 사람,
버스에 천연가스를 넣는 사람,
버스들 배차 간격이며 운행을 살피는 사람,
식당에서 밥을 지어 주는 사람,
그리고 회사 살림을 두루 챙기는 사람까지.
버스 회사에는 여러 가지 일을 하는 사람들이 있어.
물론 나 같은 운전사가 가장 많지만 말이야.
버스가 안전하게 다니도록 이렇게 많은 사람들이 일하고 있어.

정비소

정비사

청소원
버스 안을 깨끗이 청소해. 바닥을 쓸고 닦고, 유리창과 의자도 닦지.

자동 세차소
세차기에 들어가서 단추를 누르면 물이 뿜어져 나와. 그리고 커다란 솔이 위잉 돌아가면서 차를 닦아.

배차원
컴퓨터 화면을 보면서
우리 회사 버스들이
잘 다니고 있는지 살펴.

사무원
돈을 관리하고, 서류도
정리해. 버스 회사의
온갖 일들을 챙겨.

조리사

이제 두 번째 출발! 사람들이 일터로, 학교로 가는 시간이야.
출발하자마자 발 디딜 틈 없이 손님으로 꽉 찼어.
나는 앞뒤 문 열고 닫아야지, 요금 내는지 봐야지, 거스름돈 줘야지,
눈코 뜰 새 없이 바빠. 이런 때일수록 안팎 거울을 봐 가면서
손님들이 안전하게 타고 내리는지 잘 살펴야 해.
정거장에 서거나 출발할 때는 더욱 조심해야 해.

사람들이 넘어지기라도 하면 큰 사고거든.
손님들도 힘이 드는지 짜증을 내기도 해.
늦지 않아야 할 텐데 길이 막혀 큰일이네.

이렇게 길이 막힐 때면 차들이 서로 빨리 가려고 억지로
끼어들거나 신호를 지키지 않기도 해. 그러다 사고라도 나면,
길이 더 막혀. 차가 가다 서다 하니까 신경이 곤두서.
내가 가만히 앉아서 운전만 하는 것 같지?
조심조심 운전하느라 정신을 바짝 차리고 있다고.

버스 도착 안내판
버스가 정거장에 언제 도착하는지 알려 줘.

조금 전 전철역 정거장에서 손님들이 우르르 내렸어. 이제야 버스 안이 헐렁해. 다들 지각하지 않아야 할 텐데. 아까는 어떤 손님이 늦었으니 아무 데나 세워 달라고 떼를 써서 아주 애를 먹었어. 하지만 버스는 정거장에만 세워야 해. 인도에서 너무 떨어져서 세워도 안 돼. 이런 게 다 법으로 정해져 있어.
어, 영후다. 내 특별 단골손님이야.

버스를 탈 때는 누구나 앞문으로 타야 해.
그런데 이 손님은 특별히 뒷문으로 타지.
"안녕하세요?"
영후는 휠체어를 타.
일부러 시간을 맞추어서
이 버스를 타러 와.
이 버스는 휠체어를 탄 채로
탈 수 있는 저상 버스거든.

휠체어도 버스 타자!

운전석 옆에 있는 단추를 누르면, 뒷문 밑에서
발판이 스르륵 나오면서 차가 옆으로 살짝 기울어.
버스에서 길로 낮은 비탈길이 생기는 거야.

발판 위로 휠체어를
밀어 올려.

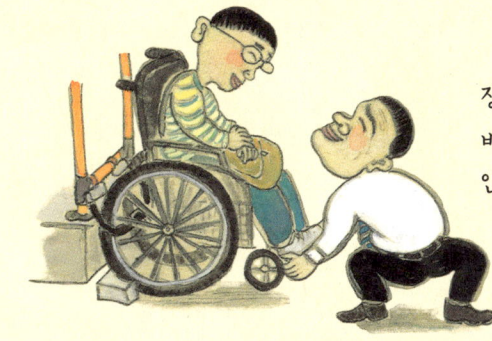

장애인 자리에 휠체어
바퀴를 고정하고
안전띠를 해.

저상 버스는 차 바닥이 낮고, 계단이 없어.
몸이 불편한 사람이나 어린이, 임산부, 나이 드신 분들이
타기 좋아. 모든 버스가 저상 버스로 바뀌면 참 좋겠지?
누구나 버스를 타고 어디든 다닐 수 있게 말이야.

운전사가 무서워하는 게 무언지 알아? 내 눈이랑 하늘에서 내리는 눈!
졸음이 와서 내 눈이 스르륵 감기면 큰일이거든.
그리고 하늘에서 눈이 많이 내리면 길이 꽁꽁 얼어서 운전하기 힘들어.

운전사가 되고 나서는 눈이 싫어졌어. 눈이 오면 길이 미끄럽고 막혀. 세 시간 걸리던 길이
다섯 시간 걸리기도 해. 조심조심 운전하느라 마음도 졸이니 몇 배로 힘들어.

부옇게 안개가 끼면 앞이 잘 안 보여. 그럴 때는 차 앞뒤에 불을 다 켜고 깜빡깜빡하는 신호도 켜.
다른 차한테 내 차가 여기 있다고 알리는 거야. 물론 천천히 가야 하지.

어, 배차실에서 급히 연락이 왔어. 앞차가 고장 나서 멈추어 섰대.
손님들 안전이 가장 중요하니까, 차가 이상할 때는 멈춰야 해.
침착하게 회사에 알리고, 손님들을 다른 차로 옮겨 태워.
얼른 가서 손님들을 태워야지.

비가 많이 내리는 날에는 앞이 흐릿하게 보이고 길이 미끄러워. 천천히 운전해야 해.

밤에는 어두워서 잘 안 보여.
술 취한 사람이 찻길에 들어올 수도 있으니, 눈을 크게 떠야 해.

오늘 마지막 운행을 마치고 차고지로 들어왔어.
오전에는 노선을 세 번 돌면 하루 일이 끝나. 손님이 두고 내린
물건이 있는지 버스를 한 바퀴 둘러보고, 현금 통이랑
거스름돈 통을 빼서 사무실에 가져다 놓아.
내일 버스 나가는 시간표를 확인하고 퇴근해야지.
지금부터 이 버스는 내 짝꿍이
밤늦게까지 운전할 거야.

나는 이제 자전거를 타고 집으로 돌아가.
오늘은 중요한 약속이 있어서 일찍 가야 해.

아들한테 자전거 타는 법을 가르쳐 주기로 했거든.
나도 어릴 때 여기서 아버지한테 자전거를 배웠어.
동네에서 자전거를 타던 꼬마가 버스를 타고 멀리 나가고, 어른이 되었어.

내 아들도 어딘가로 떠나고 돌아오면서 어른이 되겠지.
버스와 지하철, 기차와 비행기를 타고 말이야. 그때도 나는 사람들을
버스에 태우고 달리고 있을 거야. 멋진 할아버지 운전사가 되어
누군가를 일터로, 집으로, 세상 여기저기로 데려다 줘야지.

찻길에는 약속이 있어

찻길에는 버스랑 자동차, 택시, 오토바이 들이 다녀. 건널목이나 육교를 두고 사람도 다니지. 다들 빨리 다니고 싶겠지만, 서로 먼저 가려다가는 사고가 나기 쉬워. 그래서 도로 표지판이나 신호등이 있어. 모두 안전하게 다닐 수 있게 약속을 정한 거야. 어떤 것들을 알고, 주의해야 하는지 살펴보자.

❶ 자전거
자전거는 자전거 도로에서 타자. 안전 모자를 쓰고, 무릎 보호대도 하자. 오른쪽, 왼쪽을 살피면서 타는 것도 잊지 마. 자전거 도로가 없어서 찻길 가에서 탈 때는 차가 다니는 방향과 같은 방향으로 다녀야 해.

❷ 어린이 보호 구역
초등학교나 유치원처럼 어린이들이 많이 다니는 곳에서는 차들이 천천히 달려야 해. '어린이 보호 구역'이나 '스쿨존'이라고 쓰여 있는 표지판이 있어.

❸ 과속 방지 턱
차를 천천히 달리게 하려고 길에 만든 턱이야. 볼록하게 튀어나와 있어. 어린이들이 많이 다니는 학교 앞이나, 주택가 좁은 찻길에 많이 있지.

❹ 놀이
길가에서 놀다가 갑자기 찻길로 뛰어들면 위험해! 찻길 가까이에서는 놀지 말자. 강아지를 데리고 걸을 때도 강아지가 찻길에 뛰어들지 않게 조심해. 줄을 꼭 잡고 있어야 해.

❺ 건널목과 신호등
신호를 꼭 지키자. 초록불에 건너고, 빨간불에는 멈춰서 기다려. 초록불로 바뀌어도 오른쪽, 왼쪽 살펴서 차가 섰는지 확인하고 안전하게 건너야 해. 신호가 깜빡일 때는 건너지 말자. 뛰어서 건너는 것도 위험해.

❻ 자동차와 신호등
찻길에 있는 신호등은 운전하는 사람이 보는 거야. 빨간불에는 멈추고, 초록불이 켜지면 앞으로 가는 건 같아. 왼쪽 화살표 모양 등에 불이 들어오면 좌회전하는 차들이 가는 거야. 노란불은 곧 빨간불이 켜지니 멈추라는 뜻이야.

❼ 차에 탈 때
차에 타면 안전띠를 매는 것 잊지 마. 자동차에 타고 내릴 때에는 차가 섰는지 꼭 확인하고, 오른쪽 문으로 타고 내리자. 내릴 때에는 뒤에서 오토바이가 오지 않는지 살펴야 해. 차에서 내리자마자 바로 차 앞이나 뒤로 길을 건너지 말자.

❽ 차선
찻길에는 선이 있어. 차가 한 줄로 다닐 수 있게 선을 그린 거야. 찻길 가운데 있는 노란 선은 중앙선이야. 서로 다른 방향으로 가는 차들 사이에 있는 선이지. 절대로 넘으면 안 돼. 흰 선은 같은 방향 차들이 다니는 선이야. 차를 운전하는 사람들은 차선을 볼 줄 알아야 해.

어디든 굴러가요, 동글동글 바퀴

자동차, 자전거, 도르래, 유모차, 짐수레, 물레방아에 모두 있는 것은? 맞아, 바퀴야.
둥글게 생겨서 돌돌 잘 굴러가는 바퀴. 바퀴는 우리를 편하고 빠르게
어디든 데려다 주고, 무거운 물건도 쉽게 옮길 수 있게 해 주지.
이렇게 편리한 바퀴를 언제부터, 어떻게 만들었을까?

한 시간에 4~5킬로미터　　　　한 시간에 60~70킬로미터　　　　한 시간에 80~130킬로미터

아주 먼 옛날에 사람들은 어디든 두 다리로 걸어 다녔어. 아주 먼 곳은 며칠이고 몇 달이고 걸었어.

그러다가 나귀, 말, 소, 낙타, 코끼리같이 순하고 큰 짐승을 길들여서 타고 다니기 시작했어.

이집트에 있는 피라미드는 집채만 한 돌을 몇백만 개나 쌓아서 만든 거야. 큰 돌을 어떻게 옮겼냐고?
돌 아래에 통나무 같은 것을 넣어서 굴렸어. 굴림대를 쓰게 된 거야. 바퀴의 시작이지.

통나무 바퀴
굴림대로 쓰던 통나무를
잘랐더니 돌돌 굴러가!

구멍 뚫린 나무 바퀴
통나무 바퀴에 구멍을
뚫었더니 가볍고 좋아.

이어 붙인 나무 바퀴
두툼한 나무판자를 붙여서
바퀴를 만들었어.

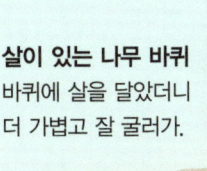

살이 있는 나무 바퀴
바퀴에 살을 달았더니
더 가볍고 잘 굴러가.

쇠를 두른 바퀴
둘레에 쇠를 붙였더니, 튼튼해.
그런데 자갈길을 다닐 때는
덜컹거려서 엉덩이가 아파.

타이어
쇠로 만든 바퀴살에
고무 테두리를 둘렀어.
튼튼하고 엉덩이도 아프지 않아.
홈이 파여서 미끄러지지도 않지.

바퀴와 여러 가지 탈것들은 어느 날 뚝딱
만들어진 것이 아니야. 몇천 년에 걸쳐
사람들의 지혜가 쌓이고 쌓여서 이루어졌지.
바퀴는 물건과 사람과 지혜를 세상 곳곳으로 퍼뜨렸어.
바퀴는 세상을 크게 바꾼 발명품이야.

누구나 어디든 다닐 수 있게!

사람들은 새처럼 하늘을 날고 싶어서 비행기를 만들고, 물고기처럼 물을 건너고 싶어서 배를 만들었어. 말처럼 빨리 달리고 싶어서 자동차, 오토바이를 만들었지. 수많은 탈것들 덕분에 사람들은 어디든 갈 수 있게 되었어. 그리고 많은 사람이 함께 타는 탈것도 만들었지. 버스나 전철, 기차처럼 말이야. 그것을 대중교통이라고 해.

버스
버스는 많은 사람이 탈 수 있고, 어디서나 쉽게 탈 수 있어. 큰 도시부터 작은 마을까지 곳곳에 다 있지. 그래서 '시민의 발'이라고 해.

이층 버스
굴절 버스처럼 많은 사람을 태울 수 있어. 도로는 좁고 사람은 많은 도시에서 쓸모가 많아.

굴절 버스
버스와 버스를 이었어. 사람을 아주 많이 태울 수 있지. 오르막길이나 구불구불한 길에서는 다니기가 힘들어.

기차
기차는 찻간 여러 개가 길게 이어진 차야. 철로 만든 기찻길을 따라 달려. 기차만 다니는 길이니까 차가 밀리는 일도 없어서 시간을 정확하게 지켜서 타고 다닐 수 있어. 그래서 도시에서 도시로 먼 길을 갈 때 많이 타지. 사람도 많이 탈 수 있고, 짐도 많이 실을 수 있어.

전철
기차랑 비슷해. 전기를 써서 다니지. 기차가 먼 길을 다닌다면, 전철은 도시 안을 다녀. 지하로 많이 다녀서 지하철, 도시에 다닌다고 도시 철도라고도 해.

비행기
하늘을 다녀. 멀리 떨어진 곳이나 다른 나라에 갈 때 많이 타. 비행기는 긴 활주로가 있어야 뜨고 내릴 수 있어.

트롤리 버스
전기로 다니는 버스야. 공중에 가로질러 설치한 전깃줄을 따라 움직여. 그 줄에서 전기도 받아. 매연이 없고 시끄럽지 않아.

모노레일
공중에 있는 철길을 달려. 철길이 기찻길처럼 두 줄이 아니라 한 줄이야. 속도가 빠르지 않고 정거장도 적지만, 공중에서 다니는 점이 특이하지.

배
강과 바다를 다녀. 섬과 섬, 섬과 육지를 잇는 중요한 교통수단이지. 몇백 명을 태울 수 있는 큰 여객선도 있고, 강을 건널 때 쓰는 작은 배도 있어.

여러 나라의 재미난 탈것
베트남 바닷가 마을에 가면 퉁버이라고 부르는 바구니 배가 있어. 큰 배가 닿기 어려운 바닷가 마을에서 육지까지 사람과 물건을 실어 날라. 고깃배로도 써. 콜롬비아에는 메트로 카블레라는 탈것이 있어. 공중에 매달린 줄을 따라 높은 곳을 오르내려. 산으로 둘러싸인 높은 지역에 사는 사람들이 타고 다녀. 강이나 바다를 끼고 있는 곳에서는 물 위의 탈것이 발달하고, 산이 깊은 지역에서는 높은 곳을 잘 오르는 탈것이 발달했어.

작가의 말

새벽부터 한밤중까지, 비가 오나 눈이 오나

버스를 아주아주 좋아하는 아이가 있었어. 아이는 놀이터에서 노는 것보다 버스를 타고 동네 한 바퀴 도는 걸 더 좋아했지. 마침 버스 종점에 살아서, 날마다 버스를 탔어. 종점에서 출발해 종점으로 돌아오곤 했지. 하도 많이 다녀서 눈 감고도 외울 수 있는 길이었지만, 탈 때마다 새로운 세상으로 나가는 것 같았대. 게다가 빈 차에 첫 번째 손님으로 타는 기분이 어찌나 좋았는지!

아이는 운전사 바로 뒷자리에 앉아 운전하는 흉내를 내면서 타고 갔어. 속으로 액셀, 브레이크, 액셀, 브레이크, 하면서 발을 까딱까딱했대. 버스가 달릴 때면 아이도 액셀을 밟고 멈출 때가 되면 브레이크를 밟으면서, 상상으로 운전을 하는 거지. 날마다 흉내를 내다 보니 운전사 못지않게 아는 것도 많아졌어. 꼬마 운전사라는 별명까지 붙었지.

아이는 어른이 되어 운전사가 되었어. 어릴 때 타고 다녔던 그 동네 버스를 모는 운전사. 운전석에 앉는 진짜 운전사가 된 거지.

이 책을 만들려고 취재하다가 그 운전사 아저씨를 만났어. 운전사가 되어 보니, 뒷자리에서는 보지 못했던 많은 일을 해야 한다는 것도 알게 되었대. 복잡한 길에서 속도를 잘 맞춰 운전하면서, 시간 맞춰 정거장에 서고, 차비를 받고, 거스름돈을 내주고, 차 안팎 거울을 살피고, 손님이 타고 내리는 걸 잘 살피는 일들 말이야. 그리고 손님들을 안전하게 지키는 것이 가장 중요한 일이라는 것도 깨달았지.

나고 자란 동네에서 오랫동안 운전을 했으니

재미난 일도 많아.
어릴 적 친구를 이제는
일터로 태워다 주기도
하고, 친구의 아들딸을 학교로

태워다 주기도 한대. 엄마 손을 잡고 버스에 타던 꼬맹이가 어느덧 자라, 시내 일터로 출근하는 어른이 되는 것도 보았지. 물론 길이 막히고 날씨가 좋지 않아 운전하기 위험할 때도 있어. 술에 취해서 시비를 걸거나 운전사를 함부로 대하는 손님을 만나면 힘들지. 그래도 아침에 일터로, 학교로 나갔던 마을 사람들이 저녁에 무사히 집으로 돌아가는 모습을 보면 마음이 뿌듯해진대. 날마다 타던 단골손님이 타지 않는 날이면 무슨 일일까 궁금하기도 하고 말이야.

　세상에는 잘 보이지 않는 곳에서, 우리가 사는 데 꼭 필요한 일을 하는 사람들이 많아. 그런 일은 평소에는 눈에 띄지 않아. 문제가 생겼을 때에야 얼마나 중요한지 깨닫게 되지. 마치 공기처럼 말이야. 버스 운전도 그런 일이야. 우리가 잠든 깜깜한 새벽부터 한밤중까지 버스는 곳곳을 다녀. 비가 오나 눈이 오나 시간 맞춰 안전하게 사람들을 태우고 다니지. 버스를 모는 운전사 덕분에 우리는 가고 싶은 곳, 가야 할 곳에 언제든 갈 수 있어.

　나는 버스 운전사가 하는 일이 얼마나 중요하고 고마운 일인지, 잘 알리고 싶어서 이 글을 썼어. 꼭 필요한 일을 하는 사람들이 제대로 대접받고 즐겁게 일하는 세상이 되면 좋겠어.

　이 책이 그런 세상을 만드는 디딤돌 하나가 되면 참 좋겠네.

글쓴이 신옥희

글 **신옥희**

이십 년 넘게 편집자로 어린이와 부모, 교사를 위한 다양한 책을 만들었습니다. 어린이 잡지를 창간하여, 등수와 경쟁에 쫓기는 어린이들에게 자연과 놀이를 되찾아 주고자 하였습니다. 또한 어린이들에게 이웃들이 일을 통해 서로 도움을 주고받으며 사는 모습을 담은 책을 주고 싶어, 〈일과 사람〉 시리즈를 처음에 함께 기획했고, 이 책에 글을 썼습니다. 요즘은 농부 학교에 다니면서 농사일을 배우고 있습니다. 스스로 농사지어 밥상을 차리고, 손수 옷을 만들어 입고, 작은 집을 짓고, 꽃밭을 가꾸고, 나무를 심으며, 자연의 품에서 순하게 살다가 자연으로 돌아가는 삶을 꿈꾸고 있습니다.

그림 **이승현**

한국일러스트레이션학교와 서울시립대학교 대학원에서 일러스트레이션을 공부했습니다. 그림책 『씨름』으로 28회 한국어린이도서상 일러스트레이션 부문에서 상을 받았습니다.
지금은 지리산 자락에서 그림을 그리며 살고 있습니다. 그림책 작가인 아내와 그림 그리기를 제일 좋아하는 귀여운 딸과 함께 지냅니다. 그린 책으로 『구비구비 사투리 옛이야기』 『거짓말 잘하는 사윗감 구함』 『별난 양반 이선달 표류기』 『콩쥐 엄마 팥쥐 딸』 『나의 달타냥』 들이 있습니다.

도와주신 분 이병욱(버스 운전사), 박광욱(버스 운전사), 김경표(버스 정비사)

일과 사람 16 버스 운전사

버스 왔어요!

2013년 9월 30일 1판 1쇄
2021년 9월 30일 1판 6쇄

ⓒ신옥희, 이승현, 곰곰 2013

글 : 신옥희 | 그림 : 이승현 | 기획편집 : 곰곰_전미경, 심상진, 안지혜 | 디자인 : 권석연, 남경민 | 제작 : 박홍기
마케팅 : 이병규, 이민정, 최다은 | 홍보 : 조민희, 강효원 | 출력 : 한국커뮤니케이션 | 인쇄 : 코리아 피앤피 | 제책 : 책다움
펴낸이 : 강맑실 | 펴낸곳 : (주)사계절출판사 | 등록 : 제406-2003-034호
주소 : (우)10881 경기도 파주시 회동길 252
전화 : 031)955-8588, 8558 | 전송 : 마케팅부 031)955-8595 편집부 031)955-8596
홈페이지 : www.sakyejul.net | 전자우편 : picturebook@sakyejul.com | 블로그 : skjmail.blog.me
페이스북 : facebook.com/sakyejulpicture | 트위터 : twitter.com/sakyejul | 인스타그램 : sakyejul_picturebook

값은 뒤표지에 적혀 있습니다. 잘못 만든 책은 구입하신 서점에서 바꾸어 드립니다.
사계절출판사는 성장의 의미를 생각합니다. 사계절출판사는 독자 여러분의 의견에 늘 귀 기울이고 있습니다.
이 책은 저작권법에 따라 보호받는 저작물이므로 무단전재와 무단복제를 금합니다.

ISBN 978-89-5828-689-9 74370 ISBN 978-89-5828-463-5 74370 (세트)